Impressum
Verlag: BABADADA GmbH, Nedderfeld 112 , 22529 Hamburg
Geschäftsführer / Verlagsleitung: Harald Hof
Druck: Books on Demand GmbH, In de Tarpen 42, 22848 Norderstedt

Imprint
Publisher: BABADADA GmbH, Nedderfeld 112 , 22529 Hamburg, Germany
Managing Director / Publishing direction: Harald Hof
Print: Books on Demand GmbH, In de Tarpen 42, 22848 Norderstedt

學校
ysgol

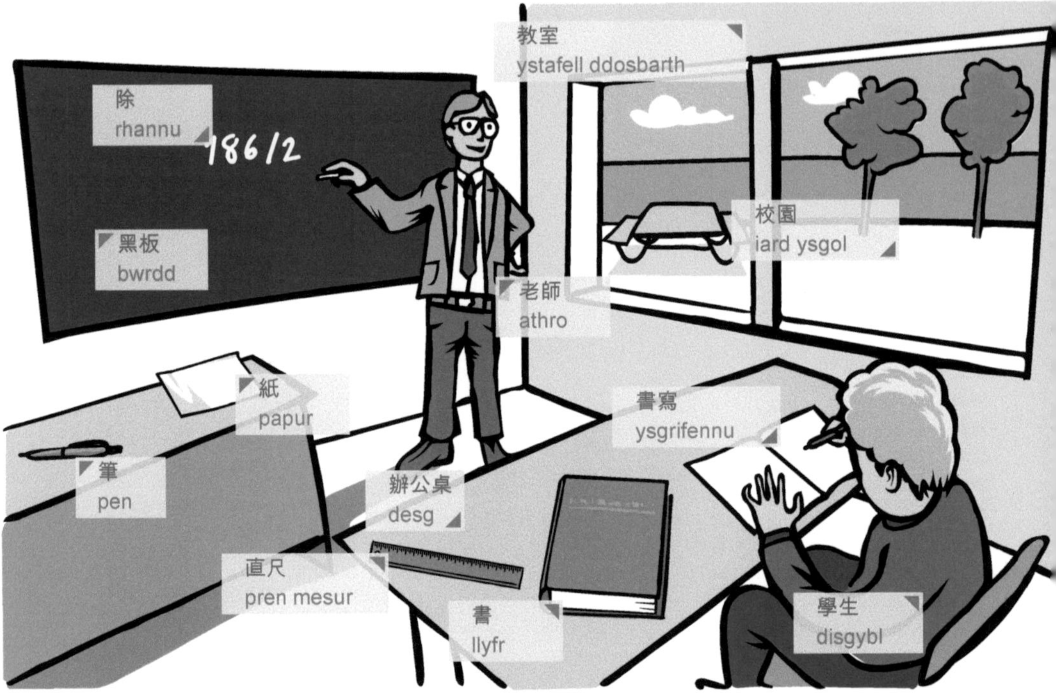

教室
ystafell ddosbarth
除
rhannu
186/2
黑板
bwrdd
校園
iard ysgol
老師
athro
紙
papur
書寫
ysgrifennu
筆
pen
辦公桌
desg
直尺
pren mesur
書
llyfr
學生
disgybl

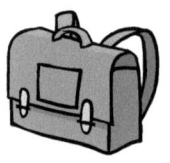

書包

bag ysgol

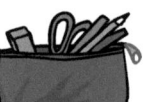

鉛筆盒

blwch penseli

鉛筆

pensil

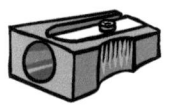

削鉛筆機

peth rhoi min ar bensil

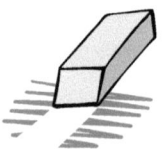

橡皮擦

rwber

畫板

pad arlunio

圖畫

llun

畫筆

brws paent

顏料盒

blwch paent

剪刀

siswrn

膠水

glud

練習冊

llyfr ysgrifennu

家庭作業

gwaith cartref

數字

rhif

加

ychwanegu

減

tynnu

乘

lluosi

計算

cyfrifo

字母

llythyren

字母表

gwyddor

字

gair

學校 - ysgol

3

課文

testun

讀

darllen

粉筆

sialc

上課

gwers

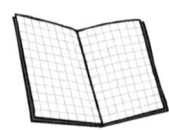

登記

cofrestr

考試

arholiad

證書

tystysgrif

校服

gwisg ysgol

教育

addysg

百科全書

gwyddoniadur

大學

prifysgol

顯微鏡

microsgop

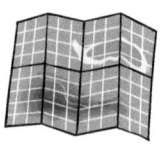

地圖

map

廢紙簍

basged papur gwastraff

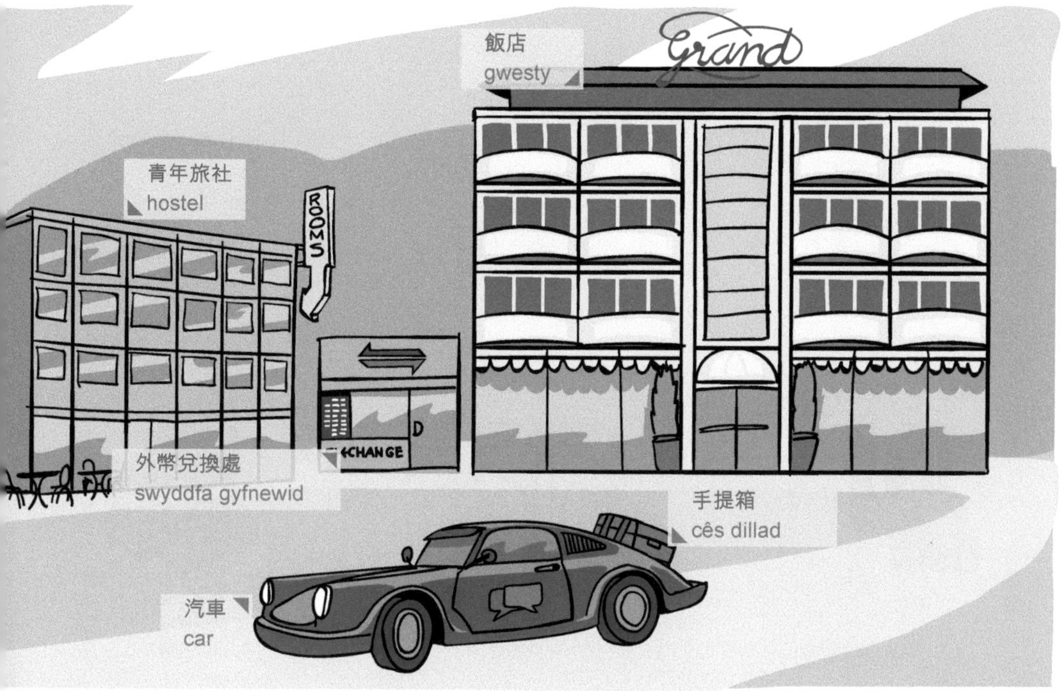

飯店
gwesty

青年旅社
hostel

外幣兌換處
swyddfa gyfnewid

手提箱
cês dillad

汽車
car

語言
iaith

是/否
ie / na

好的
iawn

您好
helo

翻譯人員
cyfieithydd

謝謝
Diolch yn fawr

……多少錢？

faint yw ...?

我不明白

Dw i ddim yn deall

問題

problem

晚上好！

Noswaith dda!

早上好！

Bore da!

晚安！

Nos da!

再見

hwyl

方向

cyfarwyddyd

行李

bagiau

包

bag

背包

gwarbac

客人

gwestai

房間

ystafell

睡袋

sach gysgu

帳篷

pabell

旅行資訊

gwybodaeth i ymwelwyr

海灘

traeth

信用卡

cerdyn credyd

早餐

brecwast

午餐

cinio

晚餐

swper

票

tocyn

電梯

lifft

郵票

stamp

邊界

ffin

海關

tollau

大使館

llysgenhadaeth

簽證

fisa

護照

pasbort

交通運送

cludiant

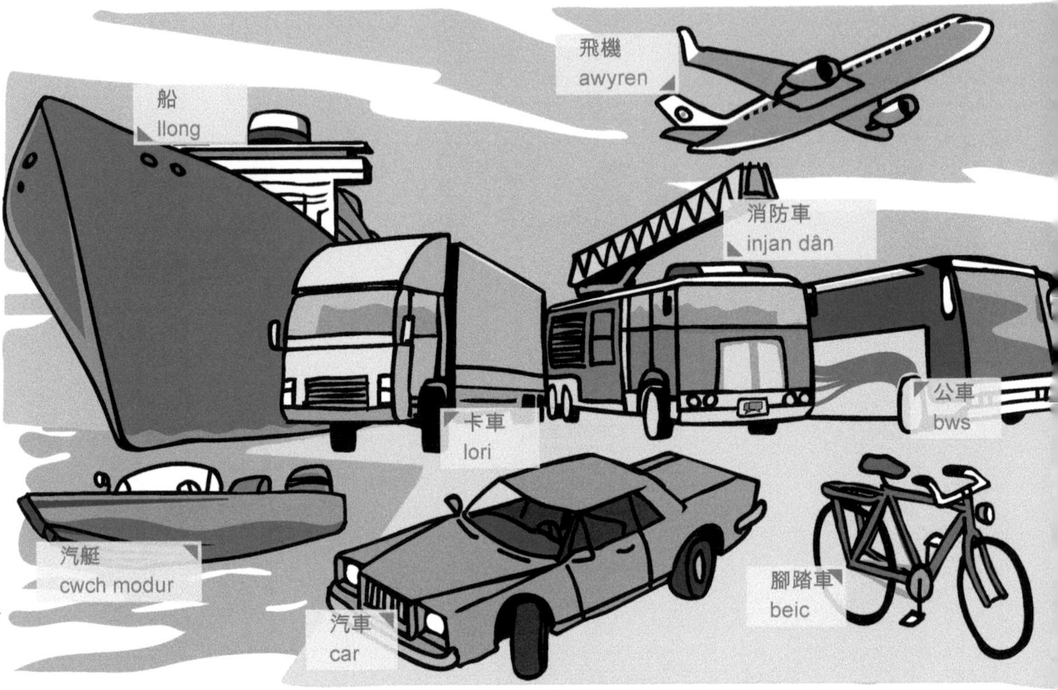

飛機
awyren
船
llong
消防車
injan dân
公車
bws
卡車
lori
汽艇
cwch modur
腳踏車
beic
汽車
car

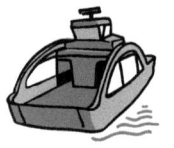

渡輪

fferi

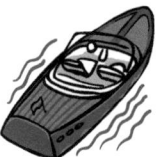

小船

cwch

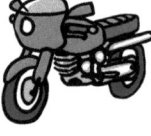

機車

beic modur

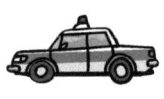

警車

car yr heddlu

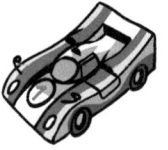

賽車

car rasio

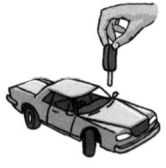

租車

car wedi'i rentu

拼車

rhannu car

拖車

lori tynnu

垃圾車

lori ysbwriel

馬達

modur

汽油

tanwydd

加油站

gorsaf betrol

交通標識

arwydd traffig

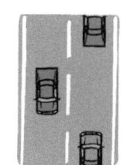

交通

traffig

交通堵塞

tagfa draffig

停車場

maes parcio

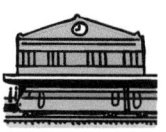

火車站

gorsaf drennau

軌道

traciau

火車

trên

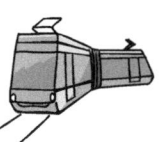

路面電車

tram

客車廂

wagen

直升機

hofrennydd

機場

maes awyr

塔

tŵr

乘客

teithiwr

集裝箱

cynhwysydd

紙板箱

paced

手推車

cert

籃子

basged

起飛/降落

esgyn / glanio

城市

dinas

村莊

pentref

市中心

canol y ddinas

房子

tŷ

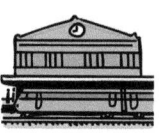

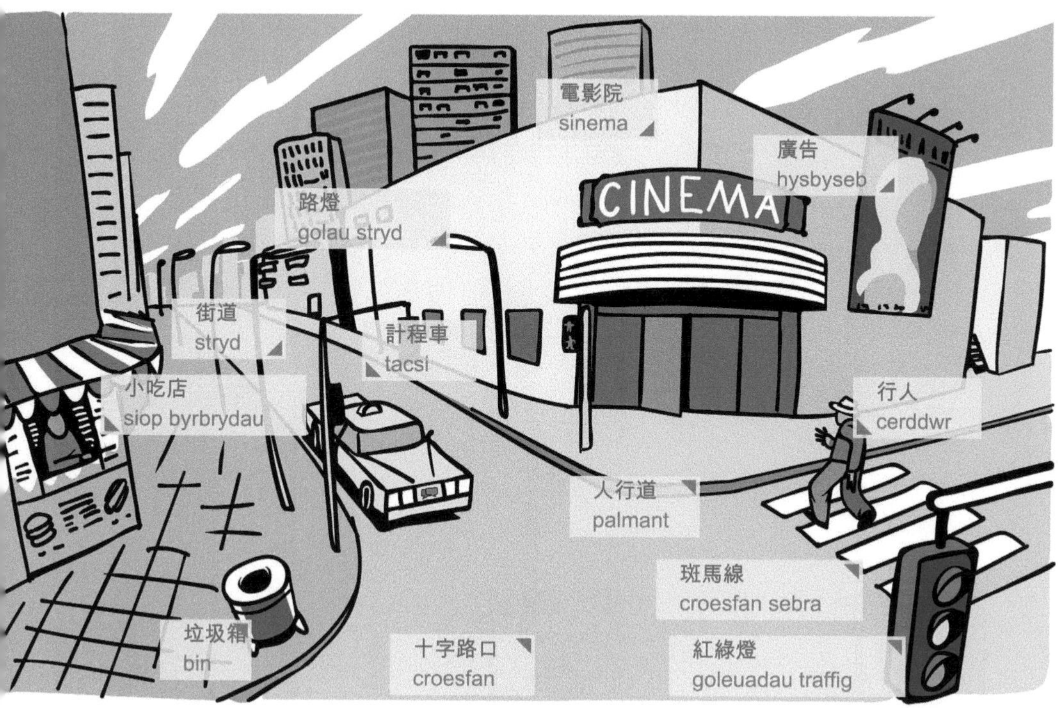
電影院
sinema
CINEMA
廣告
hysbyseb
路燈
golau stryd
街道
stryd
計程車
tacsi
小吃店
siop byrbrydau
行人
cerddwr
人行道
palmant
斑馬線
croesfan sebra
垃圾箱
bin
十字路口
croesfan
紅綠燈
goleuadau traffig

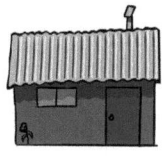

小屋

cwt

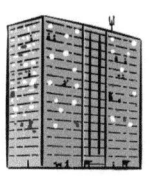

公寓

fflat

火車站

gorsaf drennau

市政廳

neuadd y dref

MUSEUM

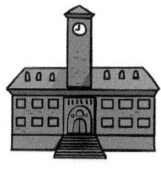

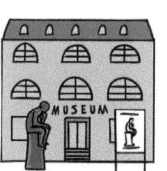

博物館

amgueddfa

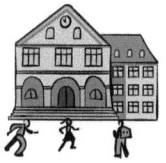

學校

ysgol

大學

prifysgol

銀行

banc

醫院

ysbyty

飯店

gwesty

藥房

fferyllfa

辦公室

swyddfa

書店

siop lyfrau

商店

siop

花店

siop flodau

超市

archfarchnad

市場

farchnad

百貨商店

siop adrannol

魚店

siop bysgod

購物中心

canolfan siopa

海港

harbwr

公園

parc

長凳

banc

橋

pont

樓梯

grisiau

捷運

rheilffordd danddaearol

隧道

twnnel

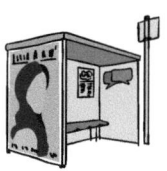

公車站

safle bws

酒吧

bar

餐館

bwyty

郵筒

blwch post

路標

arwydd stryd

停車計時器

mesurydd parcio

動物園

sŵ

游泳池

pwll nofio

清真寺

mosg

農場

fferm

污染

llygredd

墓地

mynwent

教堂

eglwys

操場

maes chwarae

寺廟

teml

地形

tirwedd

樹葉
deilen

指示牌
arwydd cyfeirio

路
ffordd

草地
dôl

石頭
carreg

樹
coeden

徒步旅行
者
heiciwr

河
afon

草
glaswellt

花
blodyn

14 地形 - tirwedd

峽谷

cwm

丘陵

bryn

湖

llyn

森林

coedwig

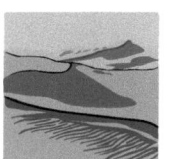

沙漠

anialwch

火山

llosgfynydd

城堡

castell

彩虹

enfys

蘑菇

madarchen

棕櫚樹

palmwydden

蚊子

mosgito

蒼蠅

pryf

螞蟻

morgrugyn

蜜蜂

gwenyn

蜘蛛

pryf copyn

甲蟲

chwilen

青蛙

llyffant

松鼠

gwiwer

刺蝟

draenog

野兔

ysgyfarnog

貓頭鷹

tylluan

鳥

aderyn

天鵝

alarch

野豬

baedd

鹿

carw

麋鹿

elc

水壩

argae

風力發電機

tyrbin gwynt

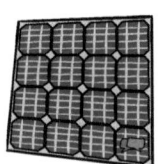

太陽能電池板

panel haul

氣候

hinsawdd

餐館

bwyty

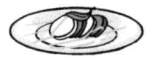

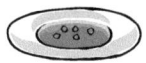

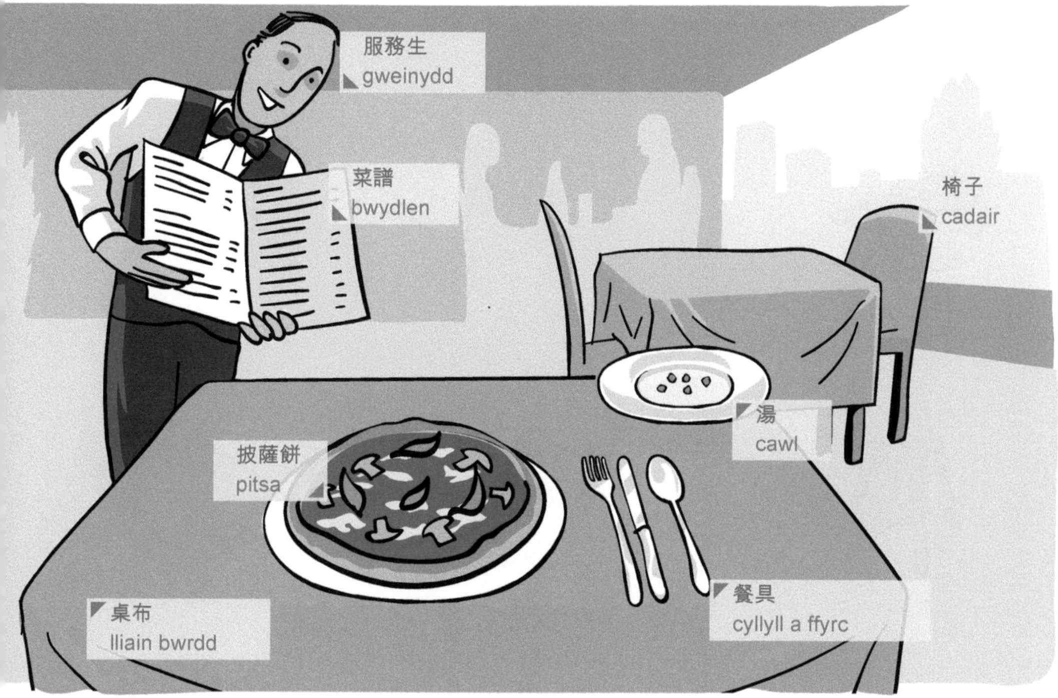
服務生
gweinydd
菜譜
bwydlen
椅子
cadair
湯
cawl
披薩餅
pitsa
桌布
lliain bwrdd
餐具
cyllyll a ffyrc

前菜

cwrs cyntaf

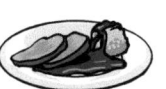

主菜

prif gwrs

甜點

pwdin

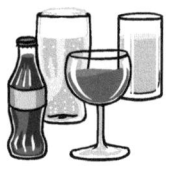

飲料

diodydd

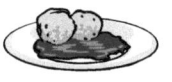

食物

bwyd

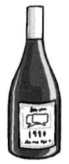

瓶子

potel

速食

bwyd cyflym

街邊小吃

bwyd y stryd

茶壺

tebot

糖盒

powlen siwgr

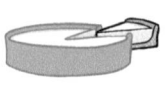

一份飯菜

dogn

義式咖啡機

peiriant espresso

高腳椅

cadair plentyn

帳單

bil

托盤

hambwrdd

刀

cyllell

餐叉

fforc

勺子

llwy

茶匙

llwy de

餐巾

napcyn

玻璃杯

gwydr

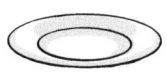

碟子

plât

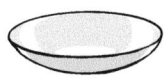

湯盤

plât cawl

碟子

soser

醬

saws

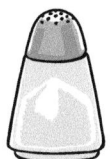

鹽瓶

pot halen

胡椒研磨罐

melin bupur

醋

finegr

食用油

olew

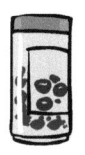

調味料

sbeisys

番茄醬

saws coch

芥末

mwstard

美乃滋

mayonnaise

超市

archfarchnad

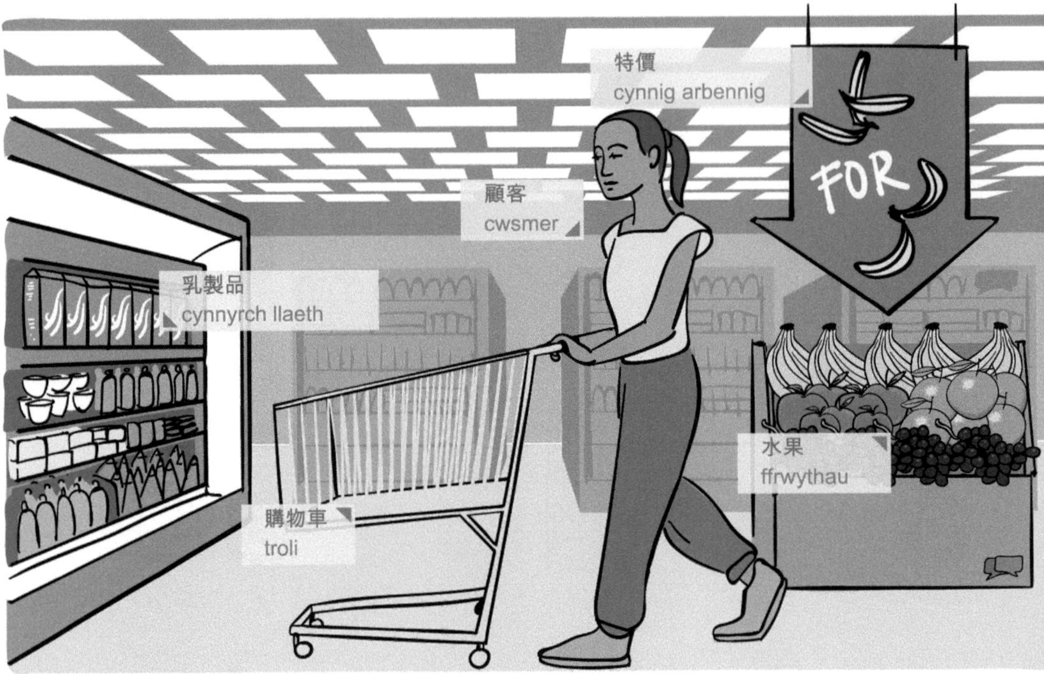

特價
cynnig arbennig
FOR
顧客
cwsmer
乳製品
cynnyrch llaeth
水果
ffrwythau
購物車
troli

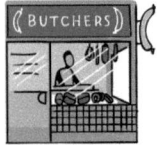

BUTCHERS

肉鋪

siop gig

BAKERY

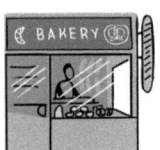

麵包店

siop fara

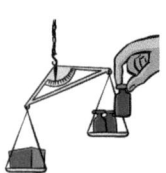

稱重

pwyso

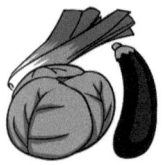

蔬菜

llysiau

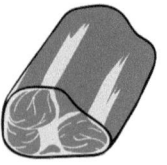

肉

cig

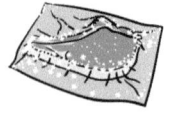

冷凍食品

Bwyd wedi'i rewi

冷盤

cig oer

罐頭食品

bwyd tun

洗衣粉

powdr golchi

甜食

da-da

日用品

cynnyrch cartref

清潔用品

cynhyrchion glanhau

銷售員

gwerthwraig

收銀機

til

收銀員

ariannwr

購物清單

rhestr siopa

開放時間

oriau agor

錢包

waled

信用卡

cerdyn credyd

袋子

bag

塑膠袋

bag plastig

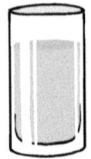

水
dŵr

果汁
sudd

牛奶
llefrith

可樂
côc

紅酒
gwin

啤酒
cwrw

酒
alcohol

可可
coco

茶
te

咖啡
coffi

義式濃縮咖啡
espresso

卡布奇諾
cappuccino

香蕉

ffrwchledd

蘋果

afal

柳丁

oren

西瓜

melon

檸檬

lemwn

胡蘿蔔

moronen

大蒜

garlleg

竹子

bambŵ

洋蔥

nionyn

蘑菇

madarchen

堅果

cnau

麵條

nwdls

義大利麵

sbageti

米飯

reis

沙拉

salad

薯條

sglodion

炸馬鈴薯

tatws wedi'u ffrïo

披薩餅

pitsa

漢堡

hambyrger

三明治

brechdan

炸豬排

cytled

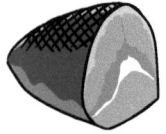

火腿

ham

義大利臘腸

salami

香腸

selsig

雞肉

cyw iâr

烤肉

rhost

魚

pysgodyn

燕麥片

ceirch uwd

木斯里

miwsli

玉米片

creision ŷd

麵粉

blawd

牛角麵包

croissant

麵包捲

bynsen

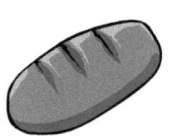

麵包

bara

吐司

tost

餅乾

bisgedi

奶油

menyn

凝乳

ceuled

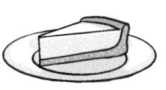

蛋糕

teisen

蛋

wy

煎蛋

wy wedi'i ffrïo

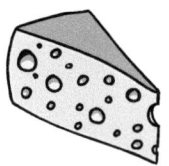

起司

caws

冰淇淋

hufen iâ

糖

siwgr

蜂蜜

mêl

果醬

jam

巧克力醬

siocled taenu

咖哩

cyri

農場

fferm

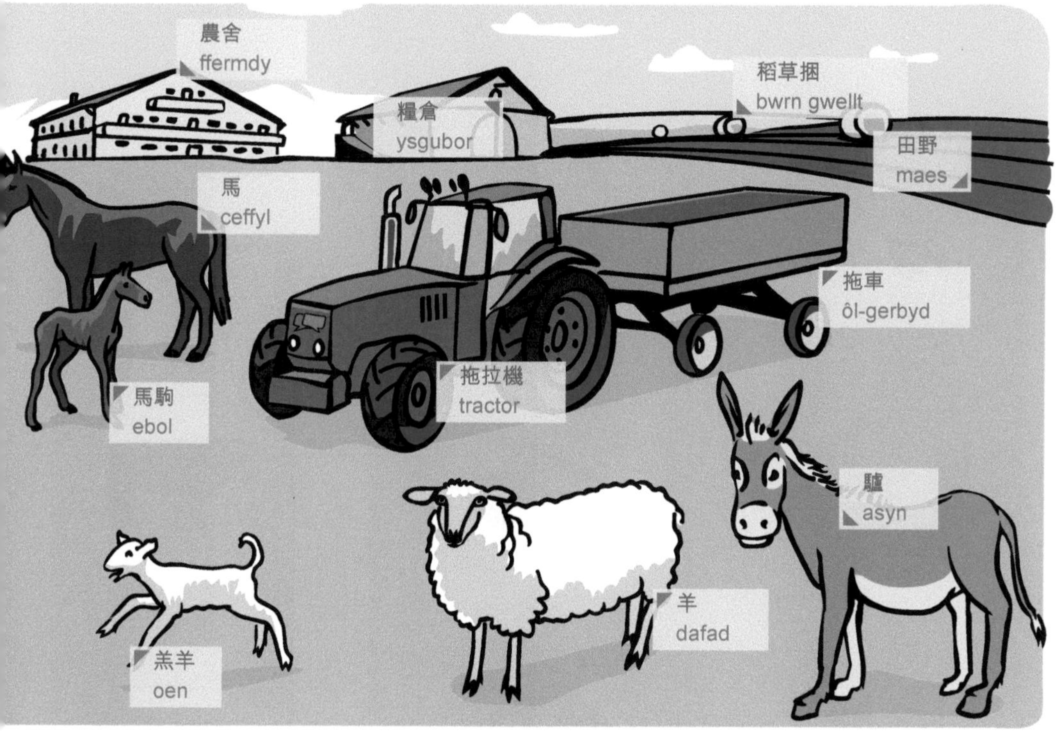

農舍
ffermdy
稻草捆
bwrn gwellt
糧倉
ysgubor
田野
maes
馬
ceffyl
拖車
ôl-gerbyd
拖拉機
tractor
馬駒
ebol
驢
asyn
羊
dafad
羔羊
oen

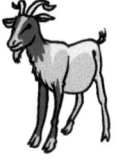

山羊

gafr

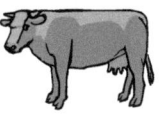

奶牛

buwch

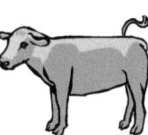

小牛

llo

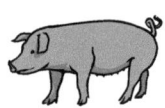

豬

mochyn

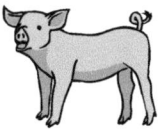

小豬

porchell

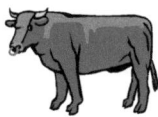

公牛

tarw

鵝

gwydd

鴨

hwyaden

小雞

cyw

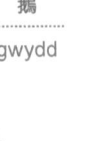

母雞

iâr

公雞

ceiliog

鼠

llygoden fawr

貓

cath

老鼠

llygoden

牛

ych

狗

ci

狗屋

cwt ci

花園澆水軟管

pibell ddŵr

澆水壺

can dŵr

長柄大鐮刀

pladur

犁

aradr

28   農場 - fferm

鐮刀

cryman

鋤頭

fforch chwynu

長柄草耙

picwarch

斧頭

bwyell

獨輪手推車

berfa

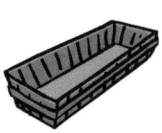

飼料槽

cafn

牛奶罐

tun llefrith

麻布袋

sach

柵欄

ffens

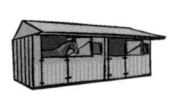

馬廄

stabl

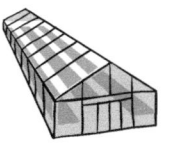

溫室

tŷ gwydr

土壤

pridd

種子

hedyn

肥料

gwrtaith

聯合收割機

dyrnwr medi

收割

cynaeafu

收割

cynhaeaf

地瓜

iamau

小麥

gwenith

大豆

soi

土豆

tysen

玉米

grawn

油菜籽

had rêp

果樹

coeden ffrwythau

樹薯

manioc

穀物

grawnfwydydd

煙囪
simnai

屋頂
to

落水管
peipen law

窗戶
ffenestr

車庫
garej

門鈴
cloch y drws

門
drws

垃圾桶
bin sbwriel

信箱
blwch post

花園
gardd

客廳
lolfa

浴室
ystafell ymolchi

廚房
cegin

臥室
ystafell wely

兒童房
ystafell plentyn

餐廳
ystafell fwyta

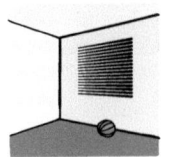

地板

llawr

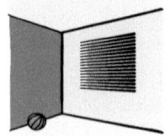

牆壁

wal

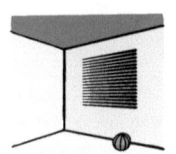

天花板

nenfwd

地窖

seler

三溫暖

sawna

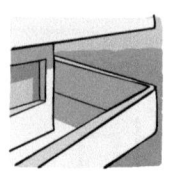

陽臺

balconi

露臺

teras

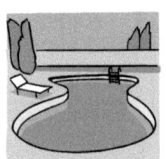

游泳池

pwll

割草機

peiriant torri gwair

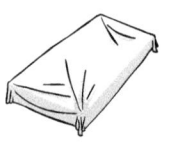

被單

taflen

床罩

gorchudd gwely

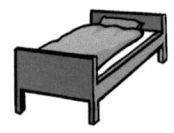

床

gwely

掃帚

ysgub

水桶

bwced

開關

swits

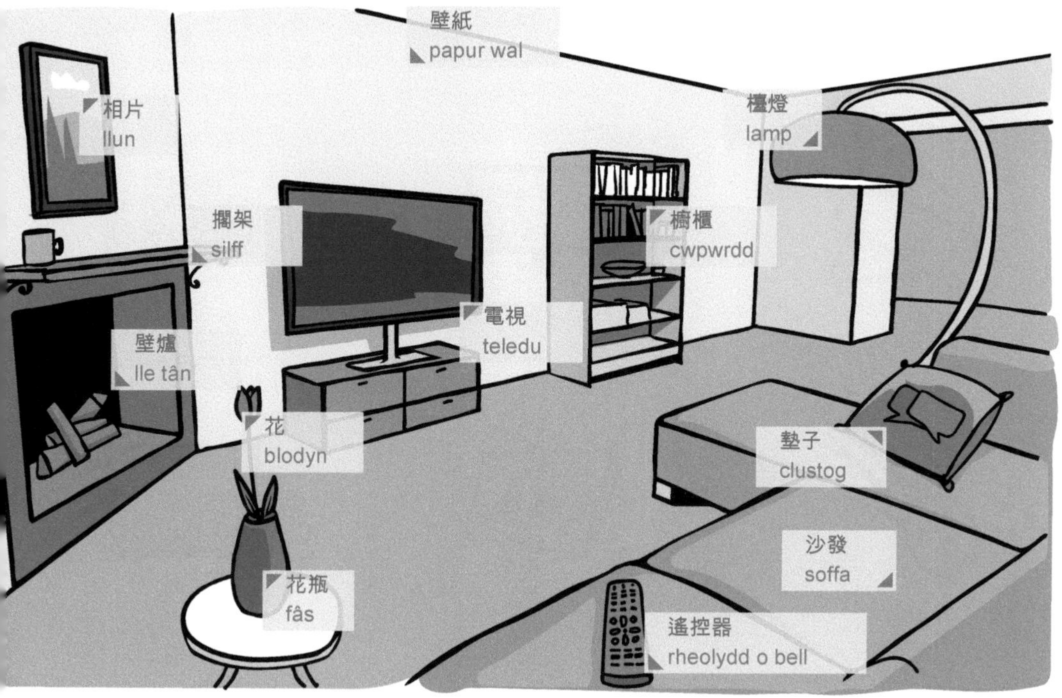

壁紙
papur wal

檯燈
lamp

相片
llun

擱架
silff

櫥櫃
cwpwrdd

電視
teledu

壁爐
lle tân

花
blodyn

墊子
clustog

沙發
soffa

花瓶
fâs

遙控器
rheolydd o bell

地毯

carped

窗簾

llen

餐桌

bwrdd

椅子

cadair

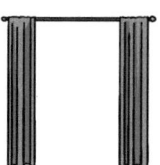

搖椅

cadair siglo

扶手椅

cadair freichiau

書

llyfr

毯子

blanced

裝飾品

addurn

木柴

coed tân

電影

ffilm

高傳真音響

hi-fi

鑰匙

agoriad

報紙

papur newydd

油畫

darlun

海報

poster

收音機

radio

筆記本

llyfr nodiadau

吸塵器

hwfer

仙人掌

cactws

蠟燭

cannwyll

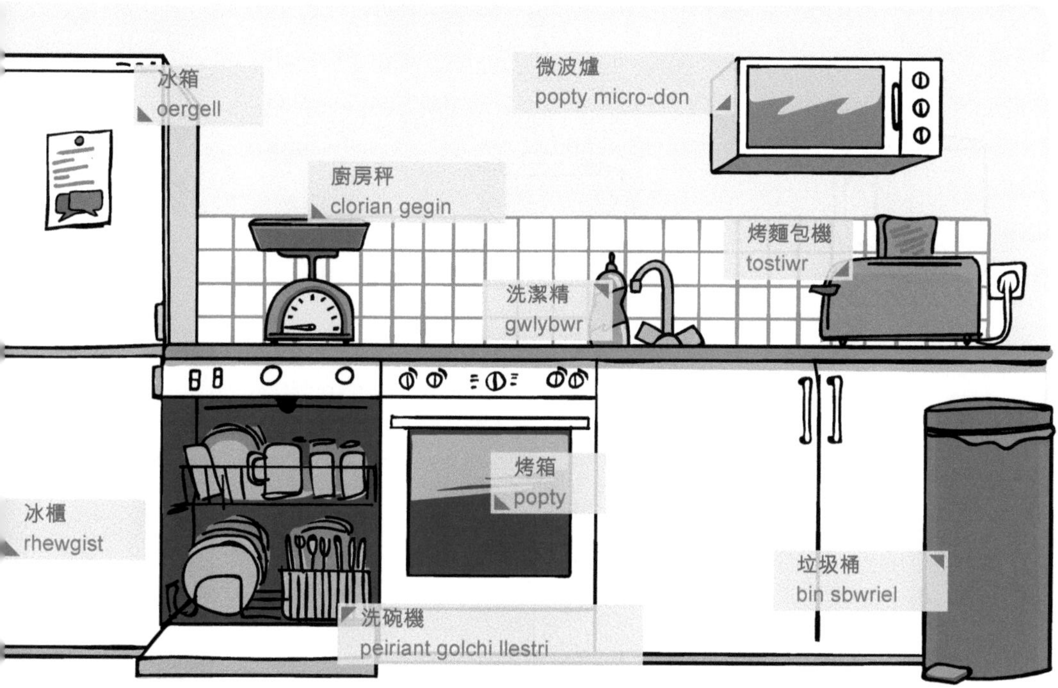

冰箱
oergell

微波爐
popty micro-don

廚房秤
clorian gegin

洗潔精
gwlybwr

烤麵包機
tostiwr

冰櫃
rhewgist

烤箱
popty

垃圾桶
bin sbwriel

洗碗機
peiriant golchi llestri

炊具

popty

鍋

pot

鑄鐵鍋

pot haearn bwrw

炒鍋

wok / kadai

平底鍋

padell

水壺

tegell

蒸鍋

sosban stemio

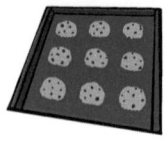

烤盤

hambwrdd pobi

陶瓷鍋

llestri

馬克杯

mwg

碗

powlen

筷子

gweill bwyta

長柄勺

lletwad

鏟子

ysbodol

攪拌器

chwisg

濾網

hidlydd

篩子

gogr

磨碎機

gratiwr

研缽

morter

燒烤

barbeciw

明火

tân agored

菜板

bwrdd torri cig

擀麵杖

rholbren

開瓶器

tynnwr corcyn

罐子

tun

開罐器

peth agor tuniau

隔熱手套

clwt pot

水槽

sinc

刷子

brws

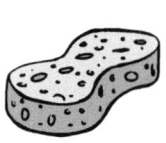

海綿

sbwng

攪拌機

peiriant cymysgu

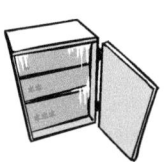

冷藏箱

rhewgell

奶瓶

potel babi

水龍頭

tap

浴室
ystafell ymolchi

淋浴
cawod
供暖裝置
gwres
毛巾
tywel
浴簾
llen gawod
泡沫浴
baddon ewyn
浴缸
baddon
玻璃杯
gwydr
洗衣機
peiriant golchi
水龍頭
tap
瓷磚
teils
便壺
potyn
水槽
sinc

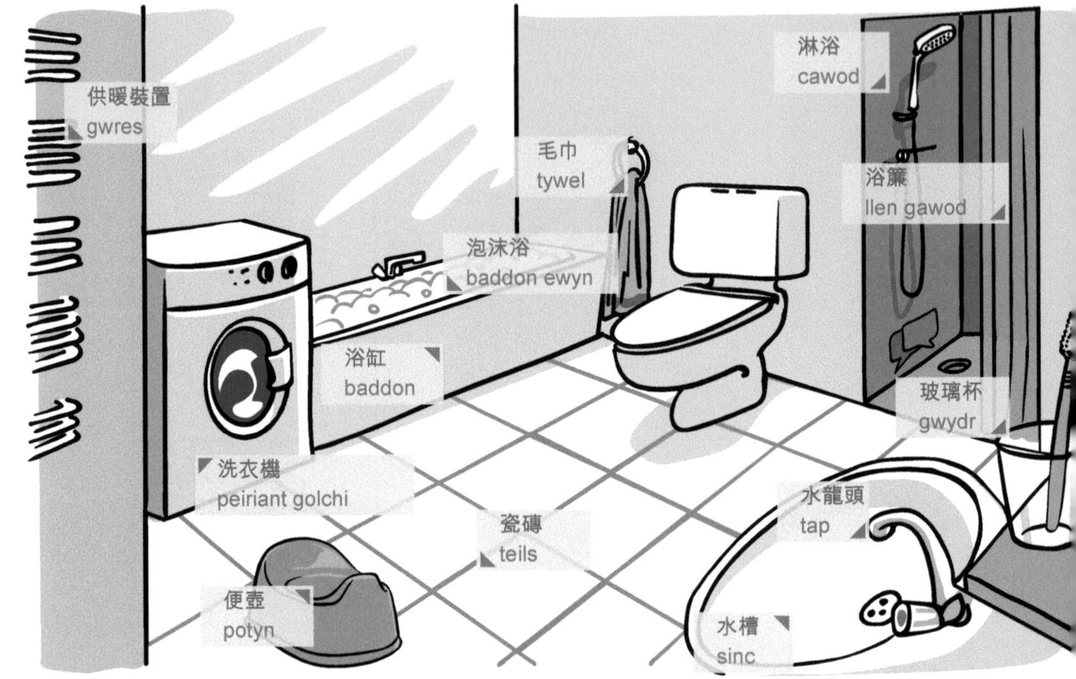

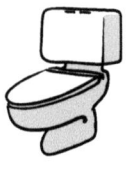

廁所
tŷ bach

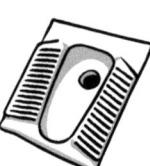

蹲便器
toiled cyrcydu

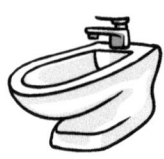

坐浴器
bidet

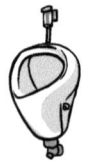

小便斗
troethfa

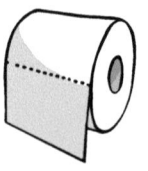

廁紙
papur tŷ bach

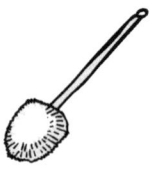

馬桶刷
brws tŷ bach

牙刷

brws dannedd

牙膏

past dannedd

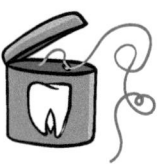

牙線

edau ddannedd

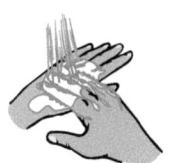

洗

golchi

手持式蓮蓬頭

cawod llaw

沖洗器

golchfa

洗臉盆

basn

洗背刷

brws-ôl

肥皂

sebon

沐浴露

gel cawod

洗髮乳

siampŵ

法蘭絨

gwlanen

排水

ffos

乳霜

hufen

除臭劑

diaroglydd

浴室 - ystafell ymolchi 39

鏡子

drych

手鏡

drych llaw

刮鬍刀

rasel

刮鬍泡沫

ewyn eillio

鬍後水

sent eillio

梳子

crib

刷子

brws

吹風機

sychwr gwallt

噴髮定型劑

chwistrell gwallt

化妝品

colur

唇膏

minlliw

指甲油

farnais ewinedd

化妝棉

gwlân cotwm

指甲剪

siswrn ewinedd

香水

persawr

洗漱包

bag ymolchi

凳子

stôl

計重秤

clorian

浴袍

gŵn baddon

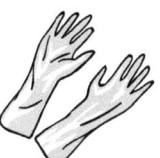

橡膠手套

menig rwber

衛生棉條

tampon

衛生棉

tywel misglwyf

化學廁所

toiled cemegol

兒童房
ystafell plentyn

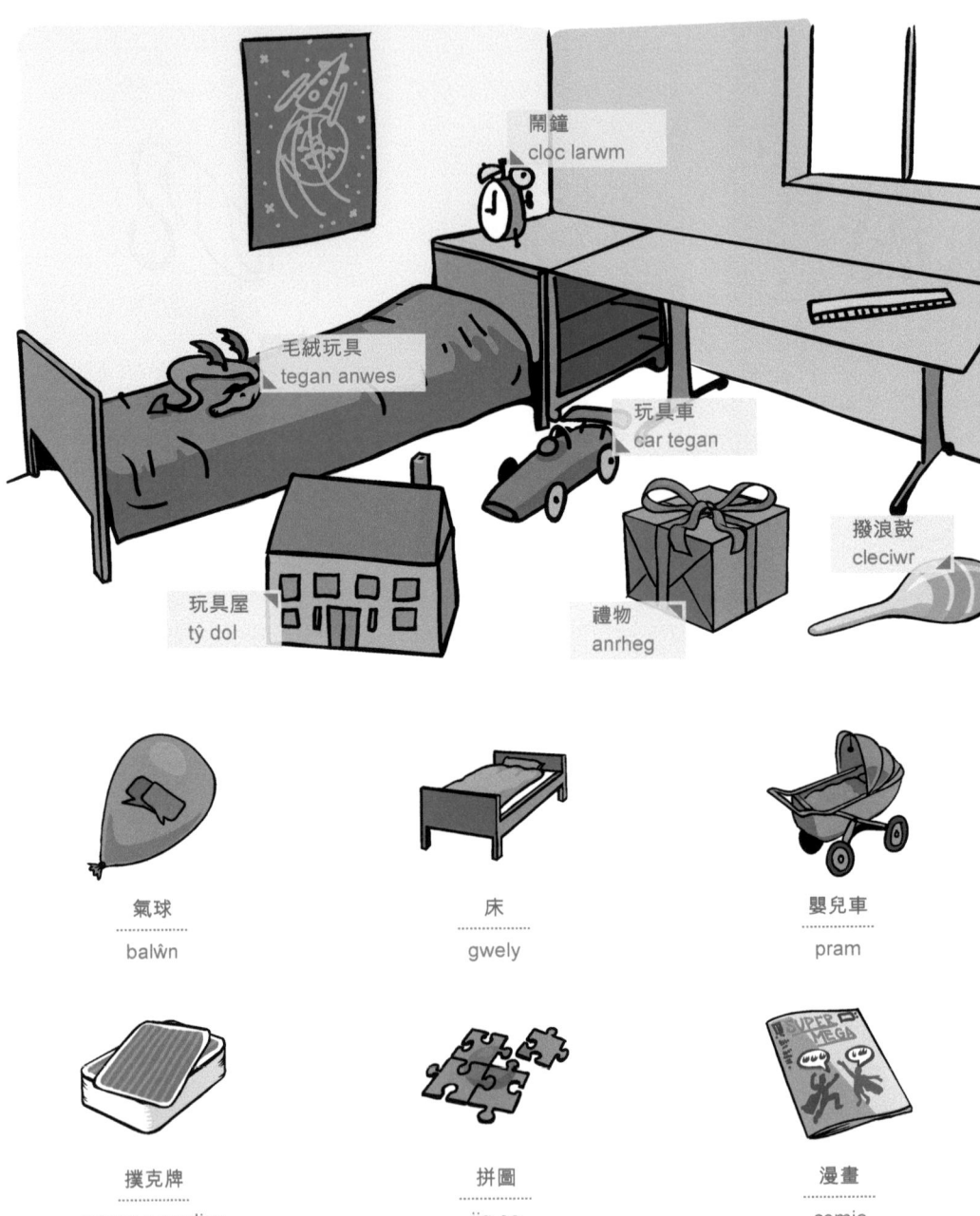

鬧鐘
cloc larwm

毛絨玩具
tegan anwes

玩具車
car tegan

撥浪鼓
cleciwr

玩具屋
tŷ dol

禮物
anrheg

氣球
balŵn

床
gwely

嬰兒車
pram

撲克牌
pecyn o gardiau

拼圖
jig-so

漫畫
comic

樂高積木

brics Lego

積木玩具

blociau adeiladu

公仔

ffigur gweithredu

嬰兒服

babygro

飛盤

ffrisbi

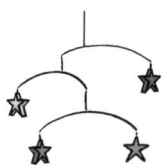

床鈴玩具

ffôn symudol

棋盤遊戲

gêm fwrdd

骰子

deis

火車模型

set model trên

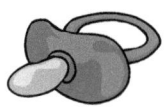

安撫奶嘴

teth lwgu

派對

parti

繪本

llyfr lluniau

球

pêl

洋娃娃

dol

玩

chwarae

沙坑

pwll tywod

鞦韆

swing

玩具

teganau

電玩遊戲

consol gemau fideo

三輪車

beic tair olwyn

泰迪熊

tedi

衣櫃

cwpwrdd dillad

衣服

dillad

襪子

hosanau

長襪

hosanau

緊身褲

teits

圍巾
sgarff

皮帶
gwregys

雨傘
ymbarél

T恤
crys-t

運動鞋
esidiau ymarfer

靴子
esgidiau

拖鞋
sliperi

涼鞋
sandalau

鞋
esgidiau

雨靴
esgidiau rwber

內褲
trôns

胸罩
bra

背心
fest

衣服 - dillad

45

身體

corff

褲子

trowsus

牛仔褲

jîns

短裙

sgert

女式襯衫

blows

襯衫

crys

套頭衫

pwlofer

連帽上衣

hwdi

西裝夾克

blaser

夾克

siaced

外套

côt

雨衣

côt law

套裝

gwisg

連衣裙

gŵn

婚紗

gwisg briodas

西裝

siwt

睡袍

gŵn nos

睡衣

pyjamas

莎麗

sari

頭巾

sgarff pen

包頭巾

tyrban

波卡

bwrca

卡夫坦

cafftan

(阿拉伯式)長袍

abaya

泳衣

gwisg nofio

男式泳褲

trowsus nofio

短褲

siorts

運動服

tracwisg

圍裙

ffedog

手套

menig

鈕扣

botwm

眼鏡

sbectol

手鏈

breichled

項鍊

cadwyn

戒指

modrwy

耳環

clustdlws

便帽

cap

衣架

cambren

帽子

het

領帶

tei

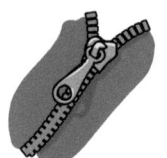

拉鍊

sip

安全帽

helmed

背帶

fframiau danedd

校服

gwisg ysgol

制服

gwisg

圍兜
bib

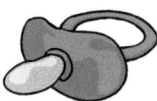

安撫奶嘴
teth lwgu

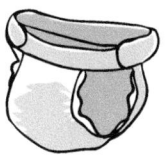

尿布
cewyn

辦公室
swyddfa

伺服器
gweinydd

檔案櫃
cwrpwrdd ffeilio

印表機
argraffydd

螢幕
monitor

紙
papur

辦公桌
desg

滑鼠
llygoden

資料夾
ffolder

鍵盤
bysellfwrdd

廢紙簍
basged papur gwastraff

電腦
cyfrifiadur

椅子
cadair

咖啡杯
mwg coffi

計算機
cyfrifiannell

網際網路
rhyngrwyd

筆記型電腦

gliniadur

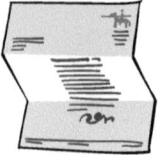

信件

llythyr

簡訊

neges

行動電話

ffôn symudol

網路

rhwydwaith

影印機

llungopïwr

軟體

meddalwedd

電話

teleffon

插座

soced plwg

傳真機

peiriant ffacs

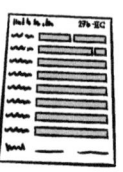

表格

ffurflen

檔案

dogfen

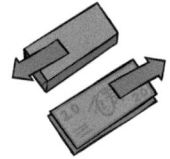

買

prynu

付錢

talu

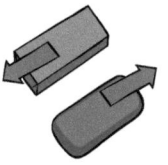

交易

masnachu

現金

arian

美元

doler

歐元

ewro

日元

yen

盧布

rwbl

瑞士法郎

ffranc y Swistir

人民幣

yuan renminbi

盧比

rwpi

提款處

peiriant arian

外幣兌換處

swyddfa gyfnewid

金

aur

銀

arian

石油

olew

能源

ynni

價格

pris

合約

contract

稅金

treth

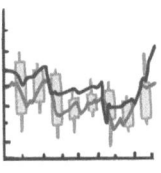

股票

stoc

工作

gweithio

職員

cyflogai

老闆

cyflogwr

工廠

ffatri

商店

siop

警官
swyddog heddlu

消防員
diffoddwr tân

廚師
cogydd

醫師
meddyg

飛行員
peilot

園丁

garddwr

木匠

saer

裁縫

gwniadwraig

法官

barnwr

化學家

fferyllydd

演員

actor

公車司機

gyrrwr bws

計程車司機

gyrrwr tacsi

漁夫

pysgotwr

清洗女工

glanhawraig

屋頂工

töwr

服務生

gweinydd

獵人

heliwr

畫家

paentiwr

麵包師

pobydd

電工

trydanwr

建築工人

adeiladwr

工程師

peiriannydd

屠夫

cigydd

水管工

plymiwr

郵差

dyn y post

士兵

milwr

建築師

pensaer

收銀員

ariannwr

花農

gwerthwr blodau

理髮師

triniwr gwallt

售票員

archwiliwr tocynnau
rheilffordd

機械技師

mecanydd

船長

capten

牙醫

deintydd

科學家

gwyddonydd

拉比

rabi

伊瑪目

imam

和尚

mynach

牧師

clerigwr

工具
offer

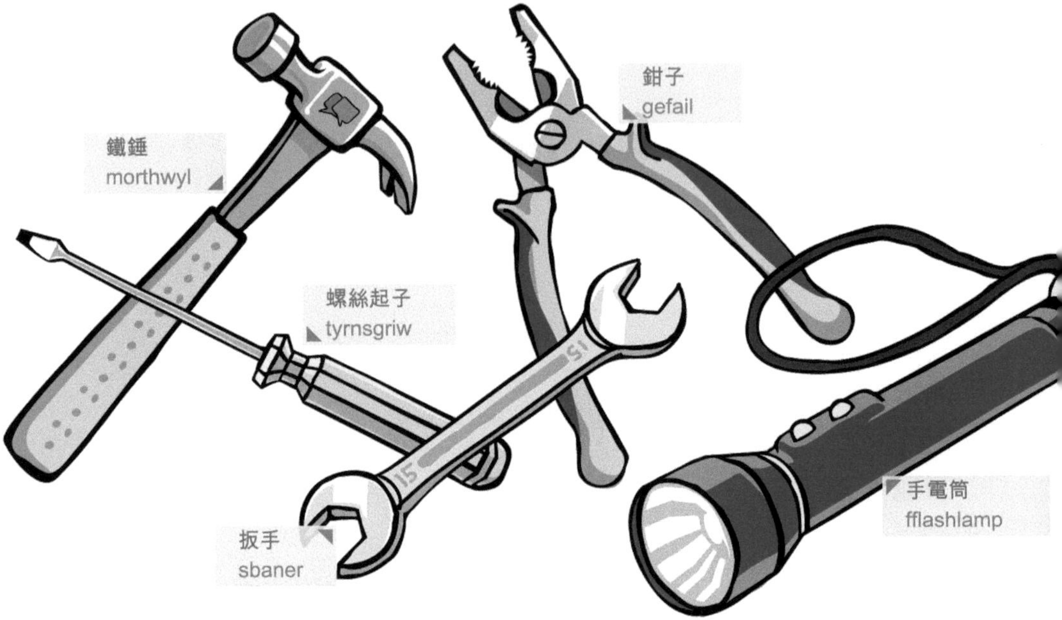
鐵錘
morthwyl
鉗子
gefail
螺絲起子
tyrnsgriw
手電筒
fflashlamp
扳手
sbaner

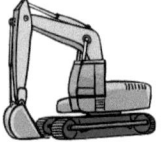

挖掘機
turiwr

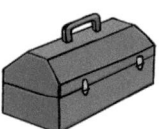

工具箱
blwch offer

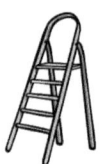

梯子
ysgol

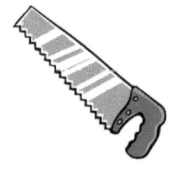

鋸子
llif

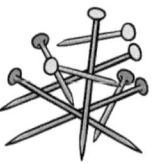

釘子
hoelion

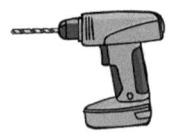

鑽機
dril

修
trwsio

鏟子
rhaw

糟糕！
Daria!

畚箕
rhaw lwch

油漆桶
pot paent

螺絲
sgriwiau

樂器

offerynnau cerdd

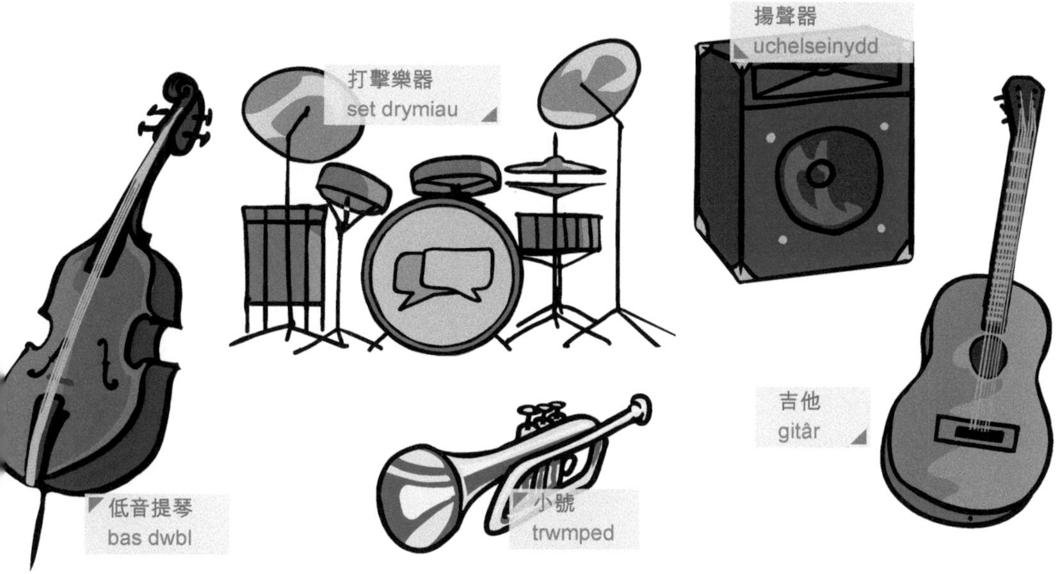

揚聲器
uchelseinydd

打擊樂器
set drymiau

低音提琴
bas dwbl

小號
trwmped

吉他
gitâr

鋼琴

piano

小提琴

ffidil

貝斯

bas

定音鼓

timpani

鼓

drymiau

電子琴

cyweirfwrdd

薩克斯風

sacsoffon

長笛

ffliwt

麥克風

meicroffon

入口
mynediad

老虎
teigr

籠子
cawell

斑馬
sebra

動物飼料
bwyd anifeiliaid

熊貓
panda

動物

anifeiliaid

大象

eliffant

袋鼠

cangarŵ

犀牛

rhinoseros

大猩猩

gorila

熊

arth

駱駝

camel

鴕鳥

estrys

獅子

llew

猴子

mwnci

紅鶴

fflamingo

鸚鵡

parot

北極熊

arth wen

企鵝

pengwin

鯊魚

siarc

孔雀

paun

蛇

neidr

鱷魚

crocodeil

動物園管理員

gofalwr sŵ

海豹

morlo

美洲豹

jagwar

矮種馬

merlyn

豹

llewpard

河馬

hipo

長頸鹿

jiráff

老鷹

eryr

野豬

baedd

魚

pysgodyn

龜

crwban

海象

walrws

狐狸

llwynog

羚羊

gafrewig

橄欖球
pêl-droed America

騎腳踏車
beicio

網球
tennis

籃球
pêl-fasged

游泳
nofio

拳擊
bocsio

冰球
hoci iâ

美式足球
pêl-droed

羽毛球
badminton

田徑
athletau

手球
pêl-law

滑雪
sgïo

馬球
polo

活動
gweithgareddau

笑
chwerthin
跳
neidio
擁抱
cofleidio
走路
cerdded
唱
canu
做夢
breuddwydio
祈禱
gweddïo
親吻
cusanu

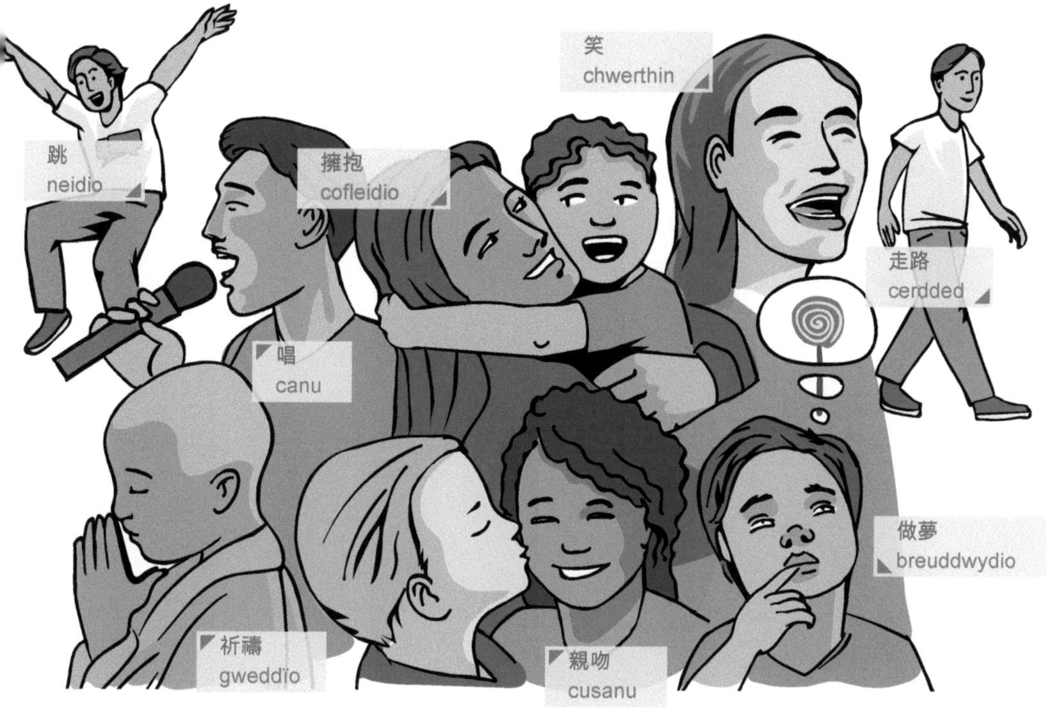

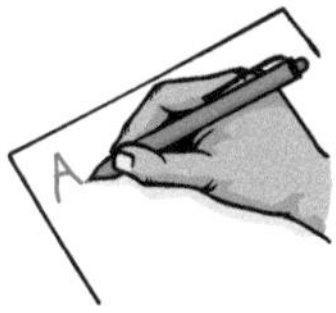

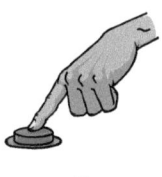

書寫
ysgrifennu

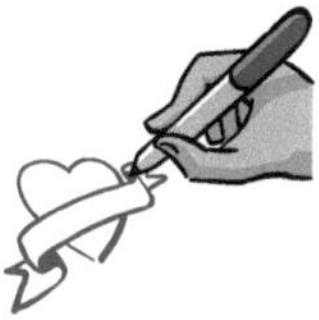

畫
tynnu

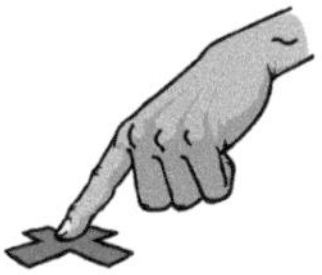

展示
dangos

推
gwthio

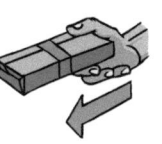

給
rhoi

拿
cymryd

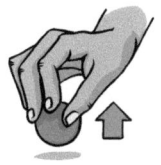

有
bod gan

做
gwneud

當
bod

站
sefyll

跑
rhedeg

拉
tynnu

丟
taflu

摔倒
disgyn

躺
gorwedd

等待
aros

攜帶
cario

坐
eistedd

穿衣
gwisgo amdanoch

睡覺
cysgu

醒來
deffro

看

edrych ar

哭

crïo

擊

anwesu

梳頭

cribo

交談

siarad

明白

deall

問

gofyn

聽

gwrando

喝

yfed

吃

bwyta

清理

tacluso

愛

caru

做飯

coginio

開車

gyrru

飛

hedfan

航行

hwylio

計算

cyfrifo

讀

darllen

學習

dysgu

工作

gweithio

結婚

priodi

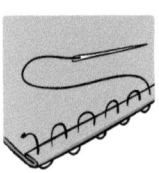

縫

gwnïo

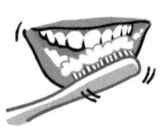

刷牙

brwsio dannedd

殺

lladd

抽菸

ysmygu

寄

anfon

祖母 nain

祖父 taid

父親 tad

母親 mam

嬰兒 baban

女兒 merch

兒子 mab

客人

gwestai

阿姨

modryb

叔叔

ewythr

兄弟

brawd

姐妹

chwaer

身體

corff

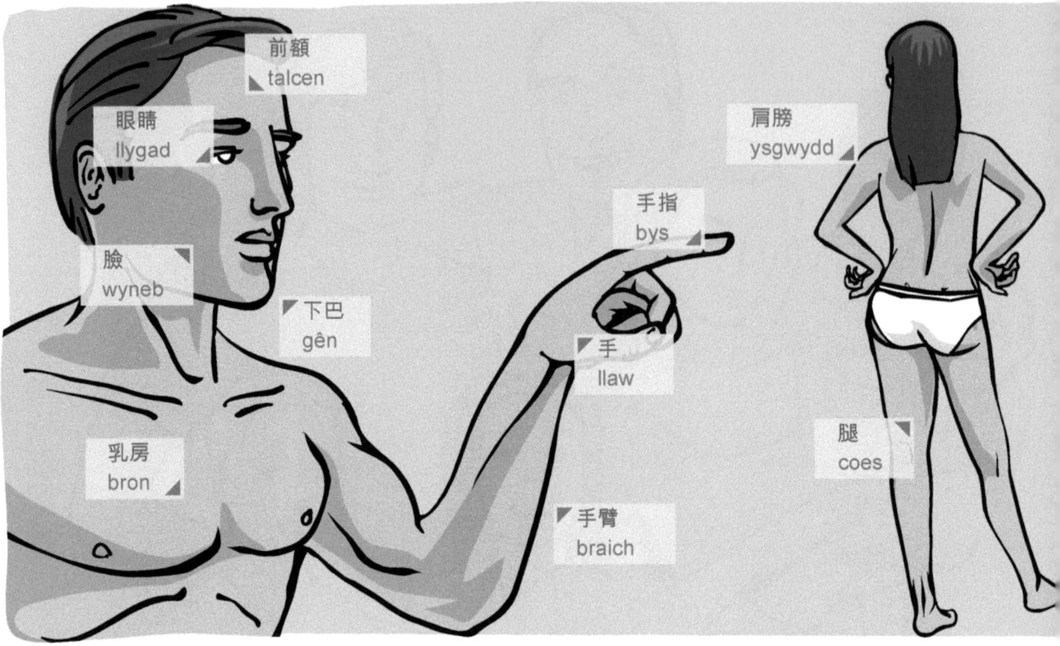

前額
talcen

眼睛
llygad

臉
wyneb

下巴
gên

乳房
bron

肩膀
ysgwydd

手指
bys

手
llaw

手臂
braich

腿
coes

嬰兒
baban

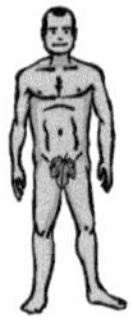

男人
dyn

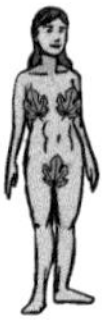

女人
gwraig

女孩
geneth

男孩
bachgen

頭
pen

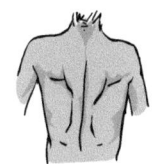

背部

cefn

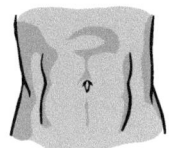

肚子

bel

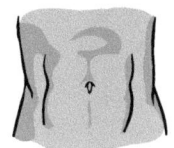

肚臍

bogail

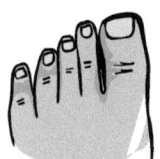

腳趾

bys troed

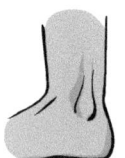

腳後跟

sawdl

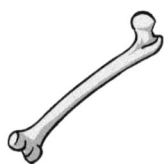

骨頭

asgwrn

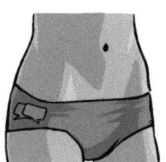

臀部

clun

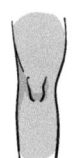

膝蓋

pen-glin

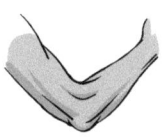

手肘

penelin

鼻子

trwyn

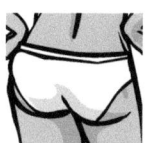

屁股

pen ôl

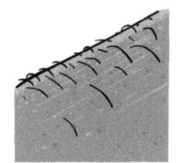

皮膚

croen

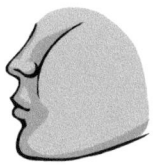

臉頰

boch

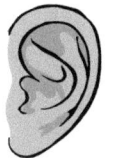

耳朵

clust

嘴唇

gwefus

嘴
ceg

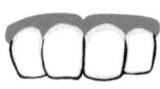

牙齒
dant

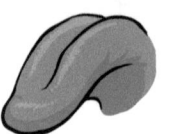

舌頭
tafod

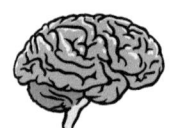

腦
ymennydd

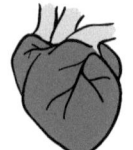

心臟
calon

肌肉
cyhyr

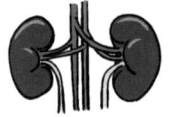

肺
ysgyfaint

肝臟
iau

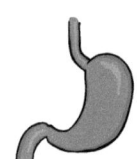

胃
stumog

腎臟
arennau

性交
rhyw

保險套
condom

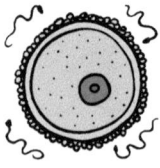

卵子
ofwm

精子
semen

懷孕
beichiogrwydd

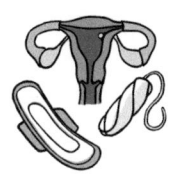

月事

mislif

陰道

fagina

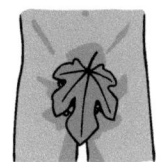

陰莖

pidyn

眉毛

ael

頭髮

gwallt

脖子

gwddf

身體 - corff

71

醫院

ysbyty

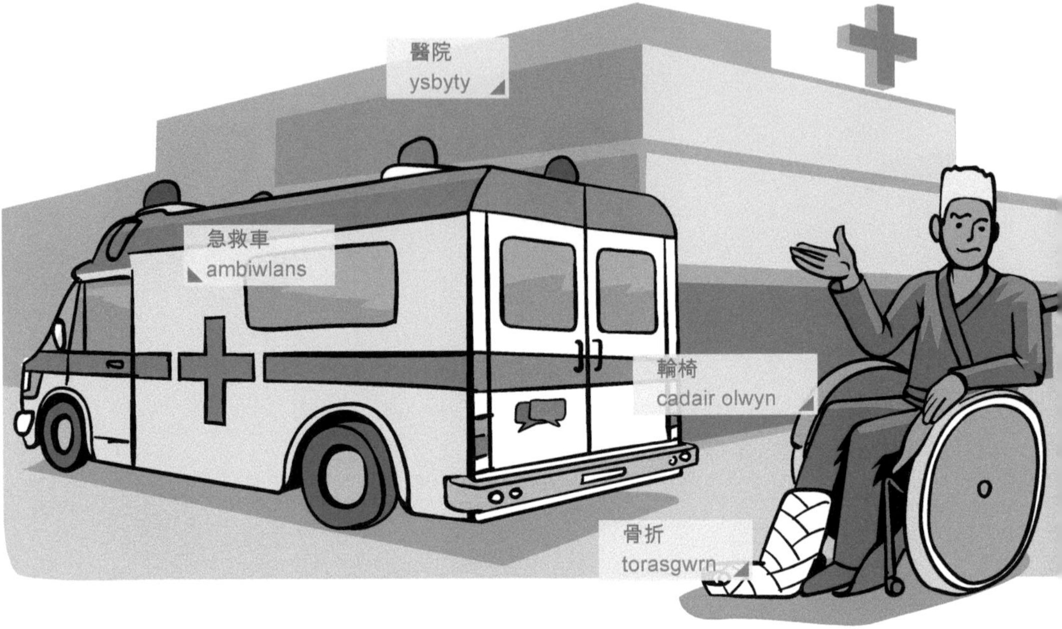

醫院
ysbyty
急救車
ambiwlans
輪椅
cadair olwyn
骨折
torasgwrn

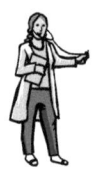

醫師

meddyg

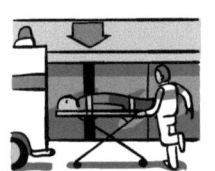

急診室

ystafell argyfwng

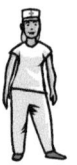

護理師

nyrs

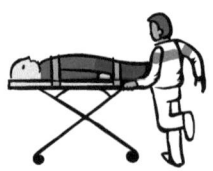

緊急情形

argyfwng

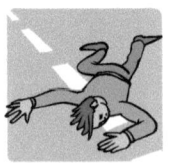

昏迷

anymwybodol

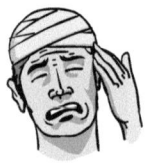

痛

poen

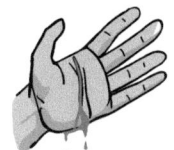

受傷

anaf

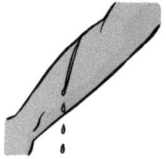

出血

gwaedu

心臟病發作

trawiad ar y galon

中風

strôc

過敏

alergedd

咳嗽

peswch

發燒

twymyn

流感

ffliw

腹瀉

dolur rhydd

頭痛

cur pen

癌症

canser

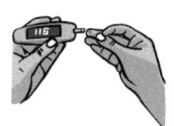

糖尿病

diabetes

外科醫師

llawfeddyg

手術刀

fflaim

手術

gweithrediad

電腦斷層掃描

CT

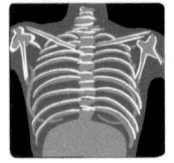

X光

pelydr-x

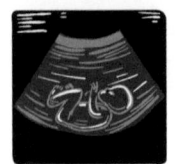

超音波

uwchsain

口罩

mwgwd wyneb

疾病

clefyd

候診室

ystafell aros

拐杖

bagl

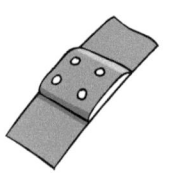

石膏

plastr

繃帶

rhwymyn

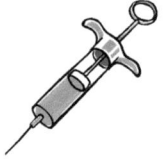

注射

pigiad

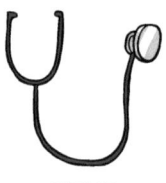

聽診器

stethosgop

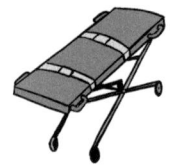

擔架

elorwely

體溫計

thermomedr clinigol

出生

genedigaeth

超重

dros bwysau

助聽器

cymorth clyw

消毒液

diheintydd

感染

haint

病毒

firws

愛滋病

HIV / AIDS

藥物

meddygaeth

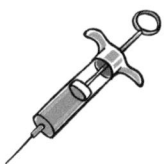

接種疫苗

brechiad

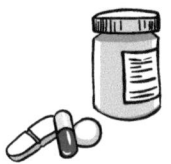

藥片

tabledi

藥丸

y bilsen

急救電話

galwad frys

血壓計

monitor pwysau gwaed

生病/健康

yn sâl / yn iach

救命！
Help!

警報
larwm

突擊
ymosodiad

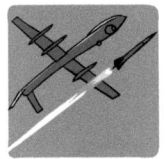

攻擊
ymosodiad

危險
perygl

緊急出口
allanfa argyfwng

失火了！
Tân!

滅火器
diffoddwr tân

意外
damwain

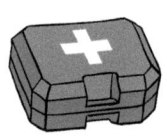

急救箱
pecyn cymorth cyntaf

呼救訊號
SOS

員警
heddlu

歐洲

Ewrop

北美洲

Gogledd America

南美洲

De America

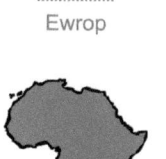

非洲

Affrica

亞洲

Asia

澳洲

Awstralia

大西洋

Iwerydd

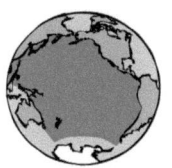

太平洋

y Môr Tawel

印度洋

Cefnfor yr India

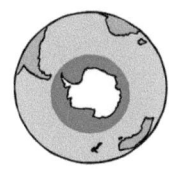

南冰洋

Cefnfor yr Antarctig

北冰洋

Cefnfor yr Arctig

北極

Pegwn y Gogledd

南極

Pegwn y De

南極洲

Antarctica

地球

y Ddaear

陸地

tir

海

môr

島

ynys

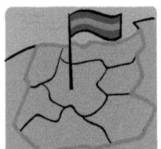

國家

cenedl

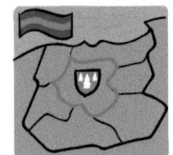

州

gwladwriaeth

錶盤

wyneb cloc

時針

bys awr

分針

bys munud

秒針

bys eiliad

現在幾點？

Faint o'r gloch yw hi?

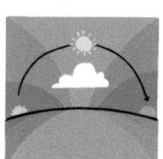

天

dydd

時間

amser

現在

yn awr

電子錶

cloc digidol

分

munud

時

awr

週

wythnos

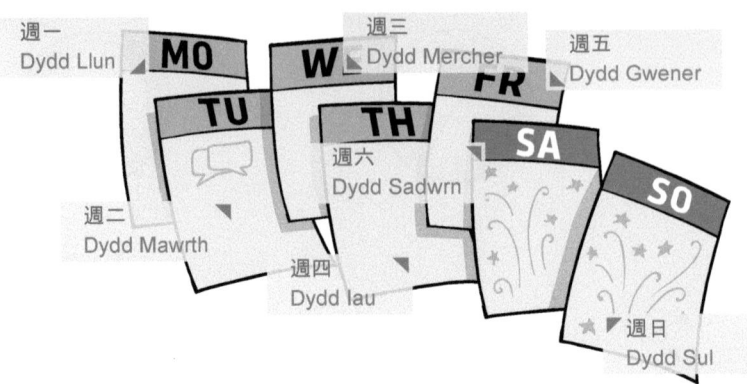

週一
Dydd Llun

週三
Dydd Mercher

週五
Dydd Gwener

週二
Dydd Mawrth

週六
Dydd Sadwrn

週四
Dydd Iau

週日
Dydd Sul

昨天

ddoe

今天

heddiw

明天

yfory

早晨

bore

中午

canol dydd

晚上

noswaith

工作日

diwrnodiau busnes

週末

penwythnos

年

blwyddyn

雨
glaw
春
gwanwyn
彩虹
enfys
夏
haf
風
gwynt
秋
hydref
雪
eira
冬
gaeaf

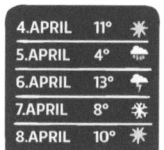

4.APRIL 11°
5.APRIL 4°
6.APRIL 13°
7.APRIL 8°
8.APRIL 10°

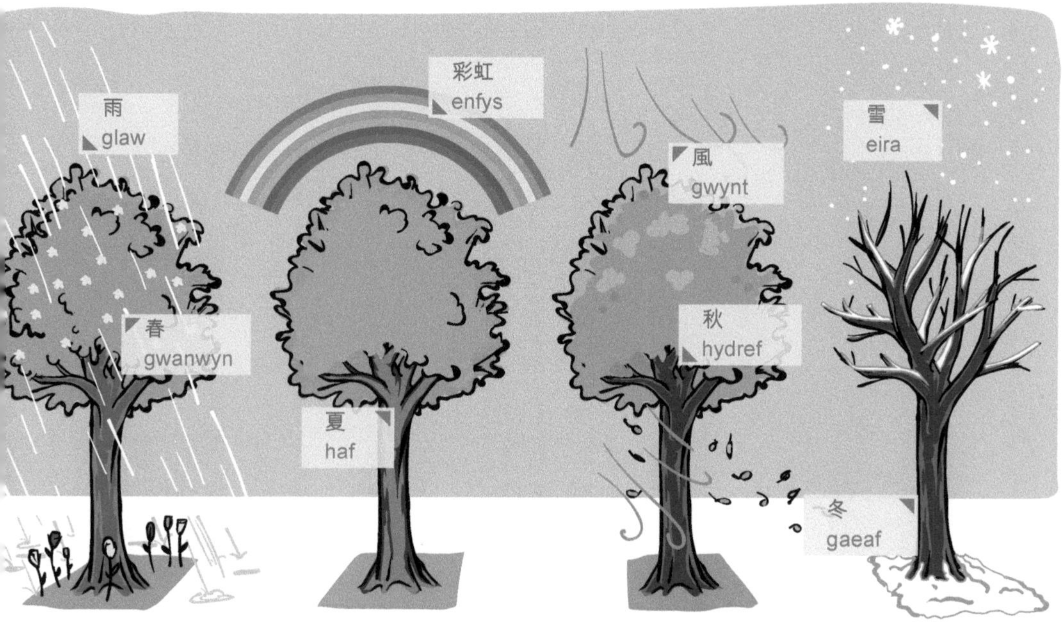

天氣預告

rhagolygon y tywydd

F
C
120
90
60
30
0
-30
40
30
20
10
0
-10
-20

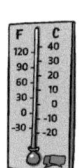

溫度計

thermomedr

陽光

heulwen

雲

cwmwl

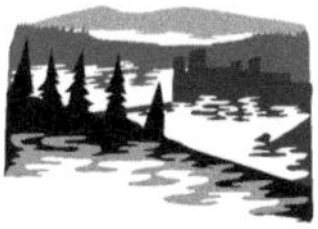

霧

niwl tew

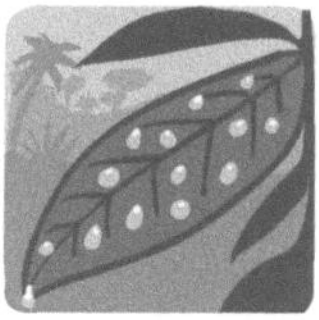

潮濕

lleithder

閃電

mellt

打雷

taranau

風暴

storm

冰雹

cenllysg

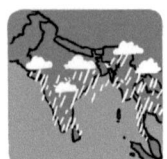

季風

monsŵn

洪水

llif

冰

iâ

一月

Ionawr

二月

Chwefror

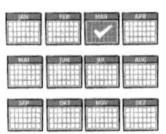

三月

Mawrth

四月

Ebrill

五月

Mai

六月

Mehefin

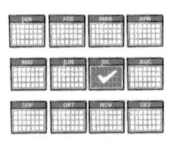

七月

Gorffennaf

八月

Awst

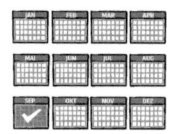

九月

Medi

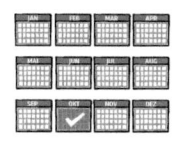

十月

Hydref

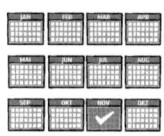

十一月

Tachwedd

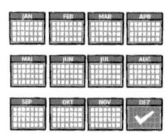

十二月

Rhagfyr

形狀

siapiau

圓形

cylch

正方形

sgwâr

長方形

petryal

三角形

triongl

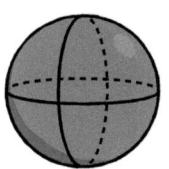

球體

sffêr

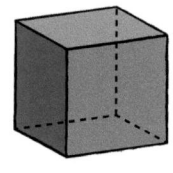

立方體

ciwb

形狀 - siapiau

83

白

gwyn

黃

melyn

橙

oren

粉

pinc

紅

coch

紫

porffor

藍

glas

綠

gwyrdd

棕

brown

灰

llwyd

黑

du

很多/少許

llawer / ychydig

生氣/平靜

dig / tawel

美/醜

hardd / hyll

首/尾

dechrau / diwedd

大/小

mawr / bach

明/暗

llachar / tywyll

兄弟/姐妹

brawd / chwaer

乾淨/骯髒

glân / budr

完整/缺失

gyflawn / anghyflawn

白天/晚上

dydd / nos

死/生

farw / yn fyw

寬/窄

eang / cul

可食用/非食用

bwytadwy / anfwytadwy

邪惡/善良

drwg / caredig

興奮/無聊

llawn cyffro / diflasu

胖/瘦

tew / tenau

第一/最後

cyntaf / olaf

朋友/敵人

cyfaill / gelyn

滿/空

llawn / gwag

硬/軟

caled / meddal

重/輕

trwm / ysgafn

餓/渴

wedi newynnu / yn sychedig

生病/健康

yn sâl / yn iach

非法/合法

anghyfreithlon / cyfreithiol

聰明/愚笨

deallus / twp

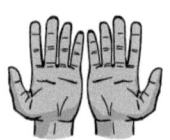

左/右

chwith / dde

近/遠

agos / pell

新/舊

hewydd / wedi'i ddefnyddio

沒有/有些

dim / rhywbeth

老/幼

hen / ifanc

開/關

ymlaen / i ffwrdd

打開/闔上

ar agor / ar gau

安靜/吵鬧

tawel / uchel

富/窮

cyfoethog / tlawd

對/錯

cywir / anghywir

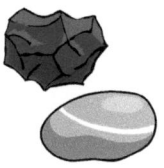

粗糙/光滑

garw / llyfn

傷心/高興

trist / hapus

短/長

byr / hir

慢/快

araf / cyflym

濕/乾

gwlyb / sych

溫暖/涼爽

cynnes / claear

戰爭/和平

rhyfel / heddwch

數字

rhifau

0

零
sero

1

一
un

2

二
dau

3

三
tri

4

四
pedwar

5

五
pump

6

六
chwech

7

七
saith

8

八
wyth

9

九
naw

10

十
deg

11

十一
un deg un

12
十二
un deg dau

13
十三
un deg tri

14
十四
un deg pedwar

15
十五
un deg pump

16
十六
un deg chwech

17
十七
un deg saith

18
十八
un deg wyth

19
十九
un deg naw

20
二十
dau ddeg

100
百
cant

1.000
千
mil

1.000.000
百萬
miliwn

英語

Saesneg

美式英語

Saesneg America

普通話

Tsieinëeg Mandarin

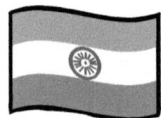

印地語

Hindi

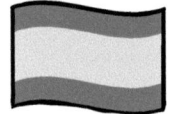

西班牙語

Sbaeneg

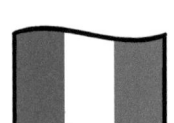

法語

Ffrangeg

阿拉伯語

Arabeg

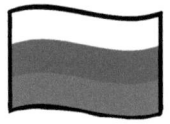

俄語

Rwseg

葡萄牙語

Portiwgaleg

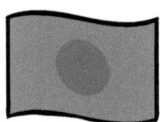

孟加拉語

Bengali

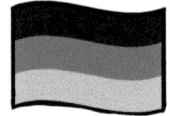

德語

Almaeneg

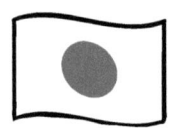

日語

Siapanaeg

我
fi

你
ti

他/她/它
ef / hi

我們
ni

你們
chi

他們
nhw

誰？
pwy?

什麼？
beth?

如何？
sut?

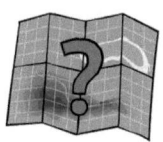

何處？
ble?

何時？
pryd?

名字
enw

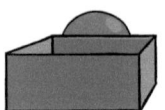

後面

y tu ôl i

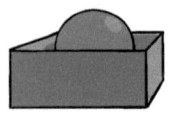

裡面

yn / yng / ym / mewn

前面

o flaen

上方

dros

上面

ar

下麵

dan

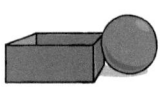

旁邊

wrth ochr

中間

rhwng

地點

lle